Julian Romeos

Miststück sucht Bauerntölpel

Copyright © 2003
Carsten Willer, Samswegen

Gestaltung
Martina Gruhn, Düsseldorf

Herstellung
Books on Demand GmbH, Norderstedt

ISBN 3-8330-0309-X

www.julianromeos.de

Kleine Anzeige. Große Liebe.

Hat er dich verkohlt? Ist er dir durchgebrannt? Hat er sich auf dem Weg zum Zigarettenautomaten verirrt? Oder hast du ihm den kleinen Koffer vor die Tür gestellt? Wegen dieser blonden Tussi? Oder wegen des ewigen Streits um die bunten Scheine mit den Brücken drauf?

Alles gar kein Problem.

Du schaltest einfach eine Chiffreanzeige in der Zeitung und schon hast du einen Neuen. Einen, der nicht schnarcht. Einen, der lieb ist. Einen, der treu ist. Einen, der dir gefällt.

Aber was schreibst du rein?

„Miststück sucht Bauerntölpel" oder „Hausfrau sucht Schürzen-jäger" oder „Schlampe sucht Draufgänger" oder „Frauen-zimmer sucht Hausmeister"? In diesem Büchlein findest du zwölf Dutzend etwas anders getextete Kontaktanzeigen, die du garantiert nicht jeden Tag in der Zeitung liest. Ausgedacht und aufgeschrieben von einem einzigen Werbetexter, der sich selbst Julian Romeos nennt.

Werbetext in Sachen Liebe.

Ist es wirklich möglich, nur mit ein paar Sätzen, etwas Drucker-
schwärze und Zeitungspapier den Partner fürs Leben zu finden?
Wie aus einem Hit-Single plus Kontaktanzeige ein echter
Chartstürmer wird, weiß niemand wirklich genau. Es gehört,
wie so oft im Leben, immer ein bisschen Glück dazu. Wie
du es auf keinen Fall machen solltest, zeigt dir ein einfacher
Blick in die Zeitungen. Wenn du die Anzeigenmärkte durch-
stöberst, wirst du feststellen, dass weit über 90 Prozent
aller Kontaktanzeigen sich sehr ähneln. Die Krönung aller
Chiffren sind die Abkürzungszeremonien.

Jg. Fr., 34 J., su. n. gr. Entt. liebev. NR, NTR m. Sinn f.
Hum. u. alles Schö., Bildzuschr. gar. beantw., Chiffre ...

Das Motto, ich hätte gern einen Partner, aber Geld darf es nicht
kosten und eine Idee habe ich auch nicht, funktioniert nicht
mal in Schottland, sagen eingefleischte Zukurzgekommene.
Stellen wir uns also die Frage, welche Konventionen es zu bre-
chen gilt und wie wir einen Alleinstellungsanspruch schaffen
können. Denken wir über Relevanz, Originalität und Wirkung
nach, um dann zu einer ganz einfachen Erkenntnis zu kommen.

Die Anzeige ist nichts.
Die Idee ist alles.

Die Anzeige ist eigentlich nur der Impulsgeber für die Kontakt-
aufnahme und eventuell ein erstes Selektionswerkzeug. Der
wirkliche Funke kann sowieso erst überspringen, wenn zwei
Menschen sich in die Augen sehen. Wenn sie auf der gleichen
Wellenlänge Signale aussenden.

Es geht also nur um den Anstoß zum Briefe schreiben und nicht
um das Alter oder den Wohnort oder um Allgemeinplätze
wie Treue, Vertrauen und Zuverlässigkeit. Es geht um die Idee.

Der potenzielle Kandidat soll einfach nur neugierig werden und
sich überrascht fragen: Was für eine Person steckt wohl
hinter dieser Anzeige? Das will ich jetzt wissen. Unbedingt.
Sofort.

Wenn das passiert, hat die Anzeige ihren Zweck erfüllt.

Dieses Büchlein ist dazu gemacht, dich bei der Ideenfindung für
deine ganz persönliche Kontaktanzeige zu inspirieren. Finde
selbst heraus, wie du mit wenigen Zeilen Text das Einzigartige
aus deiner Persönlichkeit herausholst.

Am besten funktioniert das immer noch mit Humor. Versuche
einfach, den anderen ein Lächeln auf die Lippen zu zaubern.
Du wirst es erleben. Eine witzige Idee wirkt Wunder.

Strg Alt Entf. Neu-Start. Neu-Mann. Chiffre ... (0)

Das ist der Anfang vom Ende der Einsamkeit. Chiffre ... (1)

Love a.s.a.p. Chiffre ... (2)

Wanted. Wer kennt diesen Mann? Er ist groß, stark, zielt schnell aus der Hüfte und reitet wie der Teufel. Hinweise gegen Belohnung an Chiffre ... (3)

Bei Yahoo habe ich schon gesucht und herausgefunden, dass Yahoo auf deutsch eigentlich Saukerl heißt. Jetzt suche ich wieder ohne Suchmaschine. Chiffre ... (4)

Harley Luja Bruder. Suche und du wirst finden. Keinen Herrn. Aber einen Sozius, der deinen Feuerstuhl vergöttern wird. Chiffre ... (5)

Paarweise

Miststück sucht Bauerntölpel. Bin mit allen Wassern gewaschen und suche den Mann, der mir das Feld bestellt und keinen Mist macht. Chiffre ... (6)

Hausfrau sucht Schürzenjäger, dem das Wasserbett in der Küche genau so lieb ist, wie der Elektroherd im Schlafzimmer. Chiffre ... (7)

Schlampe sucht Draufgänger. Komm schon! Trau dich! Chiffre ... (8)

Frauenzimmer sucht Hausmeister, der es versteht, mit dem Hammer umzugehen und auch das Nageln beherrscht. Chiffre ... (9)

Dame sucht Turm. Für kleine und große Rochaden. Spanische Eröffnung unter Chiffre ... (10)

Lady sucht Gentleman mit dem Gen zum Bleiben und nicht zum Weggehn. Chiffre ... (11)

Vamp sucht Vollblüter, mit dem sie Pferde stehlen kann. Chiffre ... (12)

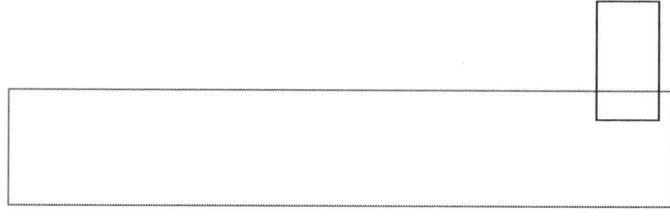

Fregatte sucht Steuermann, der sowohl bei ruhiger See als auch bei Windstärke 12 das Ruder fest in der Hand hält. Chiffre ... (13)

Rasseweib sucht Dobermann, der dafür sorgt, dass die Liebe nicht vor die Hunde geht. Chiffre ... (14)

Blondine sucht Witzbold, der sie zum Lachen bringt. Vorzugsweise mit Witzen über Rothaarige. Chiffre ... (15)

Venus sucht Mars zwecks kosmischer Kollision.
Chiffre ... (16)

Emanze sucht Macho, denn Gegensätze ziehen sich an.
Chiffre ... (17)

Klasseweib (12. Klasse) sucht Pfundskerl (bis 120 kg).
Chiffre ... (18)

Birne sucht Apfel, der „Big Apple" nicht am Obststand beim Türken sucht. Chiffre ... (19)

Waschweib sucht Waschbrettbauch. Ich bevorzuge nicht Persil, Dash oder Spee, sondern ausnahmslos den „Weißen Riesen". Chiffre ... (20)

Null Rhesus positiv sucht passendes Herzblut. Chiffre ... (21)

Feminine Alte (noch 66) sucht nach ihrem maskulinen Spiegelbild (bis 99). Chiffre ... (22)

Vagina Monumentalis sucht Penis Kolossos. Chiffre ... (23)

Software (weiblich) sucht Hardware (männlich). Chiffre ... (24)

Zimtzicke sucht Hurenbock, der sich seine Hörner schon abgestoßen hat und meine Launen in gute verwandelt. Chiffre ... (25)

Märchenhaft

Es war einmal eine Prinzessin. Die verliebte sich in einen Prinzen. Eines Tages musste sie leider feststellen:
Ihr Prinz war nur eine verzauberte Kröte.
So kam es, dass sie mit fast 40 Jahren wieder allein war.
Allein mit ihrem Intellekt.
Allein mit ihrer sportlichen Figur.
Allein mit ihrer attraktiven Erscheinung.
Allein mit ihrer Lebensfreude.
Und weil sie nicht gestorben ist, wartet sie noch heute auf den Prinzen mit dem weißen Pferd. Das ist kein Märchen.
Chiffre ... (26)

Traumfrau sucht Märchenprinz, der mich endlich wachküsst aus meinem Albtraum und die nächsten hundert Jahre bei mir bleibt. Chiffre ... (27)

Frau Holle spielt verrückt? Rotkäppchen hindert dich am Auto fahren? Ich reise bei jedem Wetter. Mit dem Besen. Chiffre ... (28)

Rucke di guh, rucke di guh, Blut ist im Schuh. Der Schuh ist zu klein. Die rechte Braut sitzt noch daheim. Cinderella mit Schuhgröße 36 wartet auf dich. Chiffre ... (29)

Tierisch

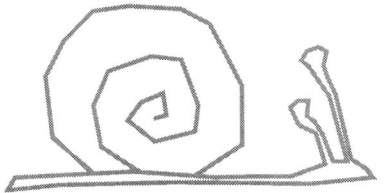

Auch Krebse haben ein Recht auf Liebe. Welches Sternzeichen bist du? Chiffre ... (30)

Hier hast du es Schwarz auf Weiß. Wilde Zebra-Stute sucht Zebra-Hengst, der sie zähmt. Chiffre ... (31)

Ganz ohne Zirkus. Elefantenkuh sucht Bullen ohne Uniform zum gemeinsamen Rüsseln. Chiffre ... (32)

Da kriegt dein Nachbar solch einen Hals. Giraffenweibchen will sich paaren. Chiffre ... (33)

Mamagei sucht Papagei. Das kann man nicht oft genug hören. Chiffre ... (34)

Schnecke mit eigenem Haus sucht auf die Schnelle Mitbewohner? Chiffre ... (35)

Gedichtet

Mäcbeth habe ich nicht gelesen. Mäcintosh kann ich nicht bedienen. MäcDonalds ist nicht mein Lieblingsrestaurant. Wer nicht mäckert, meldet sich unter Chiffre ... (36)

Main oder nicht Main, das ist nicht die Frage, wenn Julia ihren Romeo sucht. Wer trifft sich mit mir in Frankfurt an der Oder auf eine Flasche Shakesbier? Chiffre ... (37)

Walle, walle, manche Strecke, dass zum Zwecke Champus fließe und mit reichem vollen Schwalle zu dem Bade sich ergieße. Zauberlehrlinge melden sich unter Chiffre ... (38)

Vom Eise befreit sind Strom und Bäche, durch deinen holden, belebenden Blick, bei mir da grünet Hoffnungsglück. Chiffre ... (39)

Zeitungsleserin sucht etwas ganz Besonderes. Nicht wie die „Frankfurter Allgemeine", sondern jemanden, der in „Die Welt" passt. Jemanden, der „Die Zeit" nicht verschläft, der auch im „Spiegel" eine gute Figur abgibt und von dem ich mir jetzt ein „Bild" machen will. Chiffre ... (40)

33

Kurz, aber nicht scherzlos

Fehlanzeige. Mir fehlt die große Liebe.
Chiffre ... (41)

I'm looking for Nobody. Nobody is perfect.
Chiffre ... (42)

Haaaaaaaaaaaaaaaaaaaaaaaaaaaaaaaaaalooooooo.
Chiffre ... (43)

Female sucht Male.
Chiffre ... (44)

Ich dich auch.
Chiffre ... (45)

Oh mein Gott! Wo bist du?
Chiffre ... (46)

Ja ljubelju tibja. Nix verstehen?
Chiffre ... (47)

Prominent

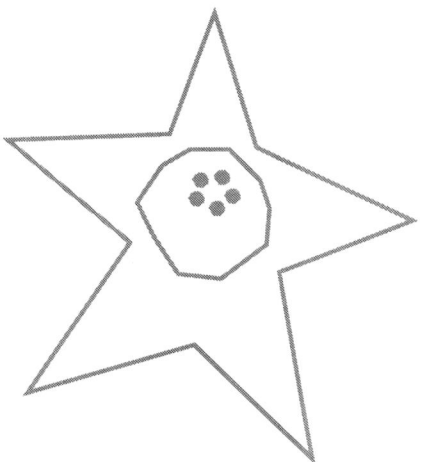

Cleopatra, berühmt für´s Bade,
nahm Stutenmilch, ach wie schade.
Ihr Julius Cäsar schwor auf´s Bier,
das war sein Lebenselexier.
Doch nicht zur Kehle rein soll´s laufen,
schöner wird man nicht durch saufen.
Ich lieb´ das Bier als Badekur,
fehlt mir der Bademeister nur.
Chiffre ... (48)

Rubens hätte seine helle Freude an mir gehabt.
Du musst mich ja nicht gleich malen. Wir können auch erst
mal tapezieren oder wie das heißt. Chiffre ... (49)

Albert Einstein liebte die Physik. Che Guevara liebte die
Freiheit. Jimi Hendrix liebte seine Gitarre. Und wer liebt mich?
Chiffre ... (50)

Brad Pitt will ich nicht. Tom Hanks krieg ich nicht.
Richard Gere gefällt mir nicht. Aber vielleicht du? Chiffre ... (51)

Adam und Eva. Romeo und Julia. Bonny and Clyde.
(Dein Name?) und Anna. Chiffre ... (52)

Kennst du den Satz des Pythagoras? Kennst du den Satz des Thales? Kennst du einen Satz heiße Ohren? Den gibt es, wenn du mir nicht sofort den Satz mit den drei Worten schreibst. Chiffre ... (53)

Ich spiele kein Tennis. Ich heiße nicht Boris. Ich bin Bäckerin und suche einen Partner für ein gemixtes Doppel. Chiffre ... (54)

Schöne Männer findet man nicht hinter einem Feldbusch. Auch nicht in Verona. Aber vielleicht hier? Chiffre ... (55)

Von Mozart den Dickkopf. Von Einstein die Frisur.
Von Picasso den Pinsel. Gibt es solch einen Mann?
Chiffre ... (56)

Blond wie Marilyn. Schnell wie Florence. Verrückt wie Janis.
Wer will diese Frau bändigen? Chiffre ... (57)

Jeanne d'Arc braucht Hilfe. Rette mich, sonst verbrenne ich vor
Sehnsucht. Chiffre ... (58)

Neugierig

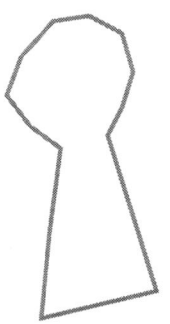

Willst du wissen, wie man mich ins Bett kriegt? Bett ...eln.
Chiffre ... (59)

Willst du wissen, warum ich Insekten saublöd finde?
Weil ich nie in Sekten leben könnte. Aber vielleicht mit dir?
Chiffre ... (60)

Willst du wissen, warum ich immer noch in der großen Lostrommel liege? Weil zuerst immer die Nieten gezogen werden. Chiffre ... (61)

Willst du wissen, warum ich nicht an die große Liebe glaube? Weil glauben nicht reicht. Ich weiß, dass es sie gibt. Chiffre ... (62)

Willst du wissen, warum ich schwer verkäuflich bin?
Weil gute Laune unbezahlbar ist. Angebote unter Chiffre ... (63)

Willst du wissen, was ich mir aus Machos mache?
Am liebsten Hackfleisch. Mutprobe unter Chiffre ... (64)

Willst du wissen, was ich mache, wenn mein Kreislauf mal verrückt spielt? Einfach geradeaus laufen. Vielleicht zu dir. Chiffre ... (65)

Willst du wissen, warum ich bedingungslos auf Boxen stehe? Weil ich Musik im Blut habe. Rock'n Roller melden sich unter Chiffre ... (66)

Monetär

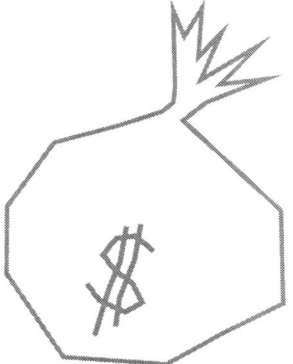

Du musst nicht unbedingt jung sein. Du musst nicht unbedingt schön sein. Du musst nicht unbedingt reich sein. Hauptsache du bist ein Millionär. Chiffre ... (67)

Vertrauen gibt´s nicht im Supermarkt. Glück gibt´s nicht bei Aldi und auch Liebe kann man nicht kaufen. Wer schenkt sie mir? Chiffre ... (68)

Wenn du alles auf Rot setzt, stehen die Chancen fifty-fifty. Setz einfach auf mich. Rien ne va plus. Chiffre ... (69)

Liebesenergie (E) ist gleich Millionär (m) mal Coitus zum Quadrat (c^2). Chiffre ... (70)

Galaktische Jungfrau mit großem Wagen und Stern auf dem Kühlergrill sucht Astrologen zwecks gemeinsamer Himmelfahrt, Milchstraße inklusive. Chiffre ... (71)

Ich lebe zwar über meine Verhältnisse. Aber immer noch weit unter meinem Niveau. Wer macht mit? Chiffre ... (72)

Leasingangebot. Für einen monatlichen Festbetrag an menschlicher Zuwendung kannst du bei Sympathie von mir das Gleiche mit Rendite zurückbekommen. Chiffre ... (73)

Mit Amex, Diners Club und Mastercard Gold brauchst du
mir nicht kommen. Hauptsache du hast Geld. Chiffre ... (74)

Einen Bausparvertrag, einen Rentensparbrief und einen
Fondsparplan habe ich schon. Die sind zwar auch alle
männlich. Die machen mich aber nicht glücklich. Chiffre ... (75)

Berufen

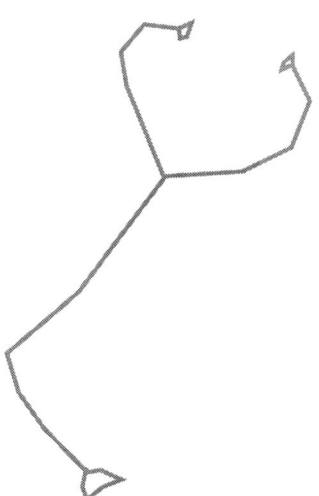

Mein Friseur sagt immer: Alle Männer sind gleich.
Da hat er sich aber geschnitten. q.e.d. Chiffre ... (76)

Mayday! Mayday! Stewardess im Sinkflug. Rette mich.
Over. Stand-by on Channel Chiffre ... (77)

Bescheidene Ärztin, Chirurgie, die endlich mal richtig
aufschneiden will, sucht einen jungen Mann mit Herz.
Chiffre ... (78)

Optikerin kann ihren Mann nicht mehr sehen und sucht ab sofort einen neuen. Chiffre ... (79)

Gebrauchtwagenverkäuferin sucht Beifahrer mit intaktem Fahrgestell und ansehnlicher Karosse ab Baujahr 1980. Chiffre ... (80)

Lehrerin möchte noch mal Schülerin sein. Brauche Nachhilfe in Sachen Liebe. Chiffre ... (81)

Chemielaborantin sucht neue Verbindung und freut sich auf deine Reaktion. Chiffre ... (82)

Innenarchitektin bietet Raum für Zweisamkeit. Darauf kannst du dich einrichten. Chiffre ... (83)

Elektrofachhandelsverkäuferin sucht Anschluss in der Hoffnung auf einen Kurzschluss. Chiffre ... (84)

Uhrmacherin, der die Zeit davonrennt, will langsam heiraten. Chiffre ... (85)

Grammatiklehrerin sucht in der Gegenwart Mann mit interessanter Vergangenheit für eine vollendete Zukunft. Chiffre ... (86)

Psychologin, die keiner versteht, will nur mal drüber geredet haben. Hast du das verstanden? Chiffre ... (87)

Durcheinander

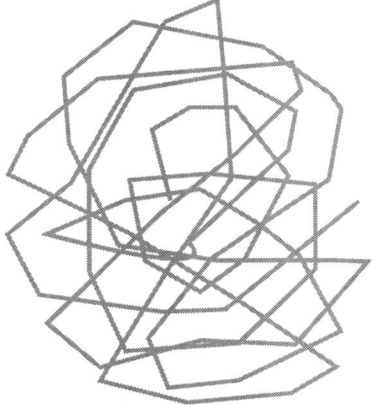

Wenn ich dich nicht kriege, dann krieg ich die Krise. Willst du daran schuld sein? Chiffre ... (88)

Verlassen habe ich ihn, weil die Chemie nicht mehr stimmte. Immer noch allein bin ich wegen der Physik, Trägheitsgesetz. Welcher Naturwissenschaftler befreit mich aus meinem Dilemma? Chiffre ... (89)

Egal ob Kaiser oder König. Wenn du ganz doll lieb bist, kannst du auch Müller oder Meier heißen. Chiffre ... (90)

Ich bin von Adel, aber mir ist völlig egal, aus welcher Schicht du kommst. Ob aus der Früh-, Spät- oder Nachtschicht. Ich warte auf dich. Chiffre ... (91)

Was lange gärt, wird gut. Wenn Treue und Zuverlässigkeit
dein Bier sind, werde ich dich lieben bis auf den letzten
Hopfen. Chiffre ... (92)

Zum Lächeln brauchst du siebzehn Muskeln und mich.
Chiffre ... (93)

Zwerchfelljogging, Mundwinkelaerobic, Lachmuskelwork-
outs. Das ist kein Witz. Das ist mein Leben. Chiffre ... (94)

Game over oder nächstes Level? Du hast nur drei Leben. The game is yours. Chiffre ... (95)

Maus mit mehr als zwei Gigaherz und Power-Prozessor sucht Highspeedanschluss für Tage und Nächte jenseits von Bits und Bytes. Enter unter Chiffre ... (96)

Kreuzberger Nächte finde ich richtig gut. Nach Hause finde ich meistens schlecht. Und wo finde ich dich? Chiffre ... (97)

Berliner machen dick. Hamburger machen krank. Pariser machen keinen Spaß. Ich bin vom Dorf. Chiffre ... (98)

Das Glück kommt immer zuerst zu denen, die ihm entgegen gehen. Ich bin schon lange unterwegs. Wo bleibst du? Chiffre ... (99)

Soll ich dir mal meine Briefmarkensammlung zeigen? Gleich nach dem Frühstück? Chiffre ... (100)

Bin derzeit im Backwahn, aber bestimmt kein Krümelkacker.
Suche Rezept, um mir selbst einen Mann zu backen. Nehme
aber auch Fertigmischungen, wenn sie genau nach meinem
Geschmack sind. Chiffre ... (101)

90-60-90. 90 Euro auf dem Konto. 60 Kilo auf den Rippen. 90 Jahre auf dem Buckel (anno 2070).
Chiffre ... (102)

Bin nicht von Pappe. Wenn alte Schachtel neuen Karton findet, können alle anderen einpacken. Chiffre ... (103)

Geschenk des Himmels sucht irdisches Glückskind.
Um Himmels willen melde dich. Chiffre ... (104)

Eins, zwei, drei, vier Eckstein, die Liebe muss entdeckt sein.
Du kannst kommen. Chiffre ... (105)

Verliebte haben viele Wünsche. Ich habe nur einen.
Chiffre ... (106)

Das Singleleben ist praktisch. Das Singleleben ist komplika-
tionslos. Das Singleleben ist modern. Das Singleleben ist total
bekloppt. Chiffre ... (107)

VerstEHE bitte, dass ich erst ein bisschen suche, EHE
ich mich gleich versEHE und noch mal eine EHE eingEHE.
Chiffre ... (108)

Geliebt? Geheiratet? Gestritten? Geschieden? Geweint?
Gewartet? Gesucht? Gewartet? Gefunden! Nimm mich.
Chiffre ... (109)

Verliebt. Verlobt. Verheiratet. Verraten. Verkauft. Verlassen.
Verbittert. Verändert. Versprochen. Chiffre ... (110)

Hit-Single will die Charts stürmen.
Wer managt meine Gefühle? Chiffre ... (111)

Ich mag Fußball! Ich akzeptiere deinen Stammtisch!
Ich lasse dir die Fernbedienung! Wenn du das gut findest,
brauchst du mir nicht zu schreiben. Chiffre ... (112)

Traumtänzerin sucht männlichen Wecker, der ihr nicht auf
den Zeiger geht. Chiffre ... (113)

Mit Worten kann Mann mich nicht beschreiben.
Mich muss Mann erleben. Chiffre ... (114)

Ich will noch zum Kap der guten Hoffnung. Bei welchem
Freizeitkapitän mit angelegten Ohren und Segelschein kann ich
anheuern? Chiffre ... (115)

Meine aerobe Zone liegt zwischen 130 und 148. Wo meine
erogenen Zonen liegen, musst du schon selbst rauskriegen.
Chiffre ... (116)

Bei mir ist „verbieten" verboten. Bei mir ist „untersagen" untersagt. Bei mir ist „nicht gestatten" nicht gestattet. Bei mir ist „nicht erlauben" nicht erlaubt. Chiffre ... (117)

Jung, dynamisch und gar keine Ideen. Das kenne ich schon zu genüge. Weil ich dich noch nicht kenne?! Chiffre ... (118)

BeWERBUNG: Hiermit bewerbe ich mich um eine Partnerschaft mit dir. Über ein Vorstellungsgespräch würde ich mich sehr freuen. Chiffre ... (119)

Kennst du Bummi, Frösi, ABC-Zeitung und Trommel? Das wäre ein Grund, um mit mir ein Neues Leben zu beginnen. Chiffre ... (120)

Wir würden so gern mal Vater, Mutter, Kind spielen. Aber uns fehlt der Vater. Chiffre ... (121)

Rockstar sucht Partner mit langen Hosen. Chiffre ... (122)

Globetrotterin sucht Globetrottel zum Koffer tragen.
Oder verstehst du keinen Spaß. Chiffre ... (123)

Aufgebot: Was du alles aufbieten musst, um mein Herz im Flug
zu erobern, erzähle ich dir gleich nach dem Start. Take-off unter
Chiffre ... (124)

Ein Hoch auf die Zeit. Wer will mich heiraten?
Chiffre ... (125)

Autonärrin mit geilem Heckspoiler, Bleifuß und glänzend blauen Augen. Letzteres vor allem, wenn ich meine 240 PS zähme. Suche autonomen Beifahrer. Chiffre ... (126)

Welcher Mann ist mit dem Staubsauger per du, weiß, wo die Kaffeemaschine angeschaltet wird, denkt beim Anblick einer Waschmaschine nicht nur an Sex und ist trotzdem kein Waschlappen? Chiffre ... (127)

Ich weiß genau, wie ich hin komme, obwohl ich gar nicht weiß, wo ich hin will. Vielleicht zu dir? Chiffre ... (128)

Cooler Grashüpfer sucht süßen Schneemann, der ein Näschen für die abgedrehten Dinge im Leben hat. Chiffre ... (129)

Ich will keinen Sonntag auf den Balearen, Kanaren oder irgendwo in der Karibik? Ich suche Freitag und eine Insel der Liebe. Chiffre ... (130)

Was ich der ganzen Welt schon immer mal sagen
wollte, sage ich heute per Inserat:
Ich mag es, wenn Mann mich anmacht.
Ich mag es, wenn Mann mich auf Touren bringt.
Ich mag es, wenn Mann mich zum Kochen bringt.
Ich will aber nicht deine Waschmaschine sein. Chiffre ... (131)

Ein Mann über 40 bedeutet Filzpantoffeln, Fernsehen, Flaschenbier, Fußball, F ... Wo ist die berühmte Ausnahme, die die Regel bestätigt? Chiffre ... (132)

Blond, blöd, blauäugig bin ich nicht. Aber noch viel zu jung, um für immer allein zu sein. Chiffre ... (133)

Reklame

Bild dir deine Meinung.
Von mir. Chiffre ... (134)

Dahinter steckt immer ein kluger Kopf.
Im Allgemeinen auch hinter dieser Anzeige. Chiffre ... (135)

Otto ... find ich gut.
Aber auch Max oder Thomas oder Robert oder dich.
Chiffre ... (136)

Bitch. Welcome home MOTHERVUCKER. Chiffre ... (137)

Ich will so bleiben, wie ich bin.
Du darfst. Schreiben. Chiffre ... (138)

Your name isn't Mike?
Just do it. Write. Chiffre ... (139)

Johnny Walker mag ich nicht. Jim Beam schmeckt mir
nicht. Jack Daniels ist mir viel zu alt. Suche hundert-
prozentigen Mann. Auf keinen Fall „on the rocks".
Schottenrock eingeschlossen. Chiffre ... (140)

Ich suche die Power eines Porsches, die Ausstattung eines Mercedes, die Dynamik eines BMW's und das Understatement eines VW Golfs vereint in einem Mann. Chiffre ... (141)

Welches Camel geht meilenweit für mich?
Chiffre ... (142)

Eigentlich wollte ich alles anders machen, als meine Mutter. Jetzt fahre ich einen Golf und geschieden bin ich auch. Chiffre ... (143)

Er läuft und läuft und läuft. Süßer Käfer (female) sucht neuwertigen Beetle (male), der sich die Ideale, die vor vielen Jahren verloren gegangen sind, zurückholen will. Chiffre ... (144)

Ende. Aus. Schluss.
Mit der Einsamkeit.
Chiffre www.julianromeos.de